JN440294

나비가 전하는 말

신영애 시집

문학의전당 시인선
0267

나비가 전하는 말

신영애 시집

문학의전당

시인의 말

그림자처럼 남겨진 그대 영상 하나
수없이 날개를 폈다
접는다

아직
못다 한 말이 있다는 듯

2017년 9월
신영애

차례

시인의 말

제1부

약의 시력 13
네일 아트 14
헛꽃 16
건강검진 18
나의 피아니시모 20
비문증 22
그리고 구름은 사라졌다 24
환승역 26
개망초 편지 28
폐허 30
아가씨 32
산수유 그녀 34
눈과 잎의 불가사의 36
이별 그리고 낯선 38

제2부

칠월 41
숙성되다 42
내 잠 속의 그대 44
모퉁이를 걷다 46
화병 48
고난에는 움이 튼다 50
갱년기 52
가시 53
섬 54
매미 56
애잔한 눈으로 달무리를 기다리지 58
복숭아의 계절 60
유빙 62
다시 잣나무 아래 64

제3부

죽부인 67
무화과 피고 68
평형수 70
웰컴 투 민속촌 72
우산 74
죽 76
유기농 쌈을 먹다가 78
우체통 80
모래바람 82
소금꽃 84
난다 86
생보자 한 그루 88
단풍 90
도다리쑥국 92

제4부

돋보기 95

도화는 피고 96

수박 98

가을을 놓치다 100

신사임당은 숙면 중 102

코딜리아 페트 104

그리고 106

몸을 튜닝하다 108

만국기 110

종유석 112

가을 한 줌 114

벚꽃 피다 116

이명 118

목련 열병식 120

해설 | 특별한 감정의 결, 모순과 충돌한 흔적들 121
마경덕(시인)

제1부

약의 시력

약사는 한 봉지 약을 들려주었다

한 움큼씩 털어 넣고 시작하는 하루

정수리에서 발끝까지
누가 내 몸에 약 다니는 길을 만들었나

12만 킬로미터
그 기나긴 여정을
감각이 뛰어난 건지
눈이 밝은 건지
곡선을 따라 다독이고 어루만지며 막힌 길을 뚫어준다
내비게이션보다 더 똑똑한 약들은 타조의 시력을 가졌을까

길눈이 어두워
조금만 방향이 바뀌어도 좌충우돌 헤매는 나
길 찾는 법을 약들에게 물어봐야 할 듯

네일 아트

피라미드 안의 여인들은
관목에서 추출한 헤나로 손톱을 칠했다
색깔로 신분을 구분하고
빨간색으로 상류층을 과시했다

달에서 손톱의 상징을 느끼고 싶었다
달은 나무에서 나왔다는 상상은 틀리지 않는다
왕족의 후손이 아닌 자는 붉은 손톱을 싫어한다

서태후는 흰자와 벌꿀 고무나무 수액으로 손톱을 가꿨다
일벌들이 날아왔고 나무는 흔들거렸다
나뭇잎이 매니큐어처럼 반짝인다는 시론이 이때 성립되었다

하얀 옷을 입은 옛 여인들은
봉숭아물을 들여 질병과 귀신을 쫓았고
꽃물이 없어지기 전 첫눈이 내리길 기도했다
첫사랑은 오지 않았고

초승달이 그녀의 손톱에 앉았다

달을 보면 아련한 것은
손톱에 붉은 물이 빠지지 않았고
그의 얼굴이 비치고 있기 때문이다
지금도 손톱에 초승달이 뜨는 이유다

매니큐어 병이 즐비하다
신분 상승을 꿈꾸는 여인들의 손을 받들고
그러데이션을 하고 있는 사람들

헛꽃

참꽃을 피울 수 있다고 했다
희미한 향을 찾아 오른손을 담갔으나 안개는 걷히지 않았
다
꽃은 기미가 없었고 후각은 무디어 갔다
기다림은 일요일 오후처럼 조급해지고 중심은 멀어져 갔다
체온은 항상 웃돌았다
온실에서 자란 꽃은 비바람을 이기지 못하고
꽃잎은 한 점 빛마저 잃었다
둑 너머엔 망초 잎이 자라고 있었다

수정이 필요한 연둣빛 웃음들
흔들리는 갈증은 어디에서 멈출지
타는 듯한 향기에 벌과 나비는 숲을 잃었다
밭을 일궈 꽃을 피워보려는 무리들
계절이 바뀌면 열매를 맺을까
날고 싶었다
바람은 어디로 부는가

각자 써 내려간 낯선 문장들이
저마다 내는 쓴소리
그 소리에 닿기 위해 지문은 사라지고
귓불에 머물던 향기는 흔적이 없다
유통기한은 길지 않았다

꿀을 주세요
수정해 줄게요

산수국 헛꽃이 아프게 몸을 뒤집는다

건강검진

수사는 지하벙커에서 시작되었다
주어진 암호는 107호
가문의 내력까지 추적하며 비밀문서는 자필 서명되고
LTE로 연결된 수사망은 빠져나올 수 없다
미소 속에 감추어진 날카로운 눈빛은
모두가 명수사관임을 암시한다

그림자처럼 남겨진
그대 영상 하나 숨겼을 뿐인데…

심증은 소문보다 못해 증거가 될 수 없다
물증을 찾기 위해
최첨단 기계로 몸을 훑어가고
삼킨 것부터 배설물까지 뒤지며
토설치 않는 말을 찾기 위해 약물을 주입시킨다

거미줄에 걸린 먹잇감처럼
파리한 얼굴로 끌려 다닌 힘겨운 시간

부릅뜨고 버티던 눈꺼풀이 문을 닫는다

끝내
너를 새겨놓은 흔적, 찾아내지 못했다

오진이다

나의 피아니시모

맑고 높은 곳에서 울리는 작은 소리들의 공명은

보이지 않기에 더욱 애절하지

그곳에 닿지 않아서 사라져버리는 PP

너에게 마음속 작은 이야기를 들려주고 싶어

가슴을 열고 머리를 두드리는 우듬지에서 들려오는 소리

애기단풍이 내려오는 길목에선 보이지 않지

무너지는 초록의 향기는 코끝에 남고

낮은 곳에 머물 줄을 몰라서

그림자조차 보여주지 않는 너

표정 없는 안개처럼 떠돌다 사라지는 형체는

있으나 없으나 귀에 머무는 가여운 울음들

그 그늘에서 듣고 싶지

아무 때나 갈 수 없는 그 나무 아래

꿈으로 머무는 그대를 만나기 위해 부르는 노래

눈감고 허공에 머물지

하늘 어딘가에서 듣고 있을 것만 같아

맑은 소리로 띄워 보내는 나의 피아니시모

비문증

한때는 꽃이었음을 감지한다

이른 봄
장다리꽃 위에 포르르 앉고 싶었을 나비 한 마리
수없이 날개를 폈다 접는다

가시거리는 눈과 눈 사이

왼쪽 눈이 오른쪽에게
오른쪽 눈이 왼쪽에게 할 말이 있다는 듯

눈 질끈 감고 덮어버렸던 그날

조금은 가물거리는 너를 결코 잊어서는 안 된다는 듯,
하느작거리며 무언가 새기고 있지만
스텝은 엇박자여서 읽히지 않는다

잡힐 듯 잡히지 않는

내 것인 듯 내 것 아닌

나비가 전하는 말

그리고 구름은 사라졌다

바람이 부고를 전했다

중부 하늘에서 세력을 넓혀가던 먹구름
그 무게를 이기지 못하고 추락했다
물로 빚어진 그의 몸
눈물을 쏟아내고 나면 사라진다

조문을 위해 잰걸음으로 모여드는 구름들
번개가 조등을 켜고
우레가 외는 상두 소리
요란한 장례식을 치르는 걸 보니 명사의 죽음인 듯

리기산의 운해로 머물고 싶었으리
메마른 나무에게 여우비로 적셔주고 싶었으리

장례는 풍장으로 치러진다
너나없이 상복을 입고
곡비처럼 찔끔거리며

휘날리는 만장의 뒤를 따르고 있다

땅에서는 망자 굿이라도 하는 듯
타닥타다닥
흙 향이 진동한다

환승역

햇살이 하루를 열면 세상이 온통 숲속

벌들이 꽃을 찾아 이동하느라
발 디딜 틈이 없다

출근시간 지하철에 앉아 화장을 고치는 여자
페로몬 향에 혼미해지는 일벌들
로열젤리를 먹고 사는 여왕벌의 얼굴에 윤기 자르르하고

문이 열리자 확 쏟아져 나오는 일벌들
날갯짓 분주하다

S생명 보험설계사 김 씨
바글거리는 틈으로 아내와 아이의 얼굴이 클로즈업 된다
오늘은 너의 꽃 위에 앉아 계약을 체결해야 한다
다른 벌들은 꿀을 따느라 바쁜데
어깨가 내려앉은 그는 오늘도 빈손이다

상사의 못마땅한 표정에 눈치를 보면서도
허기진 가족을 위해
극심한 스트레스를 견뎌야 한다
벌통에 더 많은 꿀을 채우기 위해
상큼한 꽃을 찾아 우르르 몰려가는 사람들

대열에서 밀린 김 과장
환승을 위해 구석에서 퍼덕인다

그가 꿈꾸는 건 사원증을 목에 걸고
높은 빌딩으로 날아올라 화분(花粉)을 모으는 것

몇 차례 이직에 그는 실패했다
환승역에서 날개를 퍼덕이는 그의 스카우트는 이뤄질 수 있을 것인지

개망초 편지

금빛 해가 뜨는 섬마을
망초가 흐드러지게 꽃을 피웠소
사람들은 떠나가도
다시마는 성큼 자랐고
마을 사람보다 많은 이주 노동자들이 뜯으며 살고 있소
이곳에서 먹고 마시고 사랑을 하고 싶다고 했소

동남아 어느 섬에서 온 스무 살 아키노는
늙은 총각과 결혼해 아이를 셋이나 낳았다오
변두리 냉동 창고에서 일하는 친구 생각에
끊을 수 없는 믹스커피를 홀짝거릴 때도 있지만
동네 사람들의 서먹한 시선에
끝까지 잘 견뎌야 한다는 것을 깨닫는 중이오
꽃이 지기 전
소꿉친구가 온다는 소식을 들었소
친구도 여기에서 아이를 낳을 것이오

뻐꾸기가 탁란을 시작했다오

새끼 없는 둥지 위에서 씨씨씨씨 울기만 하는 뱁새

금일도에 폐가가 늘어날 때마다
마당을 차지하는 개망초
언젠가는 무리 지어
고향에 가고 싶은 마음 간절하다오

해가 지는 섬마을 바닷가 우체국
가슴에서 꺼내 부치는 개망초 편지

폐허

모든 길은 균형을 잃었다

하이힐을 기억하던 걸음이 운동화에 안주하려는 그녀를 부추기지만
왼발은 안타깝게도 한 발 앞서 나간다

환자복을 벗을 때 오른손에 머물던
간호사의 눈빛이 아직도 지워지지 않는다

자주 걷던 공원
한 생이 마무리되어 가는 시간들
폐허가 그녀를 집어삼킨다
꺾인 과거를 세우던 발은 온몸을 지탱할 수 없다

호수에 내려앉은 구름 한 송이 꽃처럼 머무는 오후

가벼워진 한쪽 손이
꺾이다 만 넝쿨장미처럼 흔들거리고

흐르지 못한 피는 더 이상 뜨거워지지 않는다

애잔한 눈빛을 거부하는 그녀의 등
뚫린 구멍이 장미를 뽑아낸 화분만큼 커지는 건
감당해야 할 설움이다

호수의 물이 줄어든다
그녀에게서 빠져나가는 모든 발자국들

아가씨
—숙희

대학로에서 싼 커피를 마시며
할리우드 진출을 꿈꾸던 그녀
1500:1의 경합을 뚫고 캐스팅되어 주인공으로 우뚝 섰다

무슨 내용인지도 모르면서
주연에 감동하며
하녀 역의 대본을 읽기 시작했을 것이다

시청 앞 광장에서 동성연애 반대 시위가 있던 날
우린 이 영화를 보았는데
그녀는 당당하게 레즈비언 역할을 소화해 나갔다
스타는 만들어지는 것이라서 노출은 위험수위를 넘었고
사람들은 독한 말들을 쏟아냈다
인터넷에 오르내리는 이름에 화들짝 놀라며
악플에 희비가 엇갈리는 감정을 한동안 견뎌야 할 것이다

왜 영화는 베드신을 길게 강조해
본질을 흐리는지

이마가 훌렁 벗겨진 베르나르 베르베르의 작품 속에 숨고 싶었다
무한한 상상의 시나리오로 연기의 귀재가 되고 싶었지만
그녀는 아직 신인이었고
스크린에 잡힌 눈동자를 보니
다음 배역이 궁금하다

핑거스미스의 샐리 호킨스처럼
정상에 깃발을 꽂은 배우도
처음엔
신인의 멋쩍은 내면을 숨기며 능청스레 연기를 했을 것이다

산수유 그녀

바짝 마른 산수유 열매 아프게 매달려 있다
나뭇가지에서 혹한을 견딜 때
탱글거리던 기억을 지워야 하는 봄이 오고 있었다

꽃망울 터뜨린 이른 봄날
아련한 꽃송이 뒤에 민망한 듯 숨어 있다

일찍 남편을 여읜 그녀
붉은 열매가 이빨을 물들일 때
구부정한 등으로 학비는 송금되었고
아들은 산수유나무보다 크게 자랐다

요양병원 침대에서
검붉은 산수유처럼 말라가고 있는 그녀

몽글거리는 아이의 배설물까지도
꽃송이처럼 바라보던 얼굴은 앙상하게 굳어 있다
손은 침대 모서리에 묶인 채

미음 줄로 연명하는 것이
몸 둘 바를 모르겠다는 듯 바라보고 있다
산수유 열매가 들어 있는 그녀의 눈

말라비틀어진 곳엔
수액 한 방울 올라가지 못한다

산수유 꽃은 언제나 서럽게 핀다

눈과 잎의 불가사의

눈을 깜빡이면 궁창이 빠르게 열린다 거기 별들이 있다
헤라의 젖이 흐르듯
신기루 사라지자 도착한 국경
훅 밀려오는 열기

어제의 빗방울 소리 강을 만들고
태양은 다시 빛을 내어도 길은 사라지고
아스팔트 파인 고속도로는 돛단배에게 항로를 내어주고
흙탕물과의 전쟁 끝나고
프놈펜의 물기 말리고
킬링필드, 내 아이가 초롱초롱한 눈망울로 젖을 빨 때 슬픔은 푸른 잎 속에 갇히고
생매장의 고통이 내 목을 조른다

신이 되길 원하던 왕은 거대한 신전을 만들고
오늘도 우리의 경배를 기다리지
한 치의 틈도 허락하지 않은 나무와 붉은 돌 한 몸이 되고

불가사의 앙코르와트
밀림 아름드리나무
땅 위의 뿌리 방향을 잃은 듯 당당하고

야자수만 속죄하듯 비벼대는 소리 사그락사그락

이별 그리고 낯선

잠자리에 누워도 너는 떠나지 않았다

너에게서 시들지 않는 나무가 자랐고
나는 늘 혼자였다
네 얼굴이 클로즈업 되면 큰상수리나무도 그늘이 되지 못한다
당신을 보내지 못하는 건 꽃을 피울 수 없기 때문이다

과거 속에 사는 너의 환영을 붙잡는 스토커
몇 번의 이별 끝에 만난 K는 끝내 혼자 떠나갔지만
어느 계절에 잊힐지

낯선 나를 만나는 건 언제나 연습이 필요하지
익숙한 것들은 질량감을 상실하고
밤이 긴 날들은 그늘이 한 뼘씩 자란다
허공에 손을 내밀면 너의 그림자가 잡힌다

제2부

칠월

나는
채 젖어보지도 못하고
조문을 마친
한 송이 국화였다

숙성되다

바나나가 가장 맛있는 시기는
검은 반점이 생기거나 툭 몸을 열어 속을 보이는 때
그 시기가 지나면 상하기 시작하지

제대로 숙성된 달콤한 바나나 한입 베어 먹다가
거뭇거뭇한 여자의 얼굴을 보다가
숙성을 마친 듯
군데군데 피어난 반점을 본다

단내를 풍길 자신이 없어
누구나 섞이고 싶을 만큼 맛깔스러울 자신이 없어
의사의 말을 떠올린다

제거하지 않으면 점점 커져요

하늘 가까이 피는 검은 꽃
흘림체로 찍어놓은
포자에서 피어난 버섯

하얀 시트 위에 누워
저승사자마저 혼미한 살갗 타는 냄새를 맡는다
반점은 사라지고
희미해진 명단은 대기표로 교체되고

허기진 귀갓길
풋풋한 바나나가 쌓인 진열대에서
숙성을 포기한 여자의 손에 노란 바나나 한 송이

내 잠 속의 그대

비집고 들어오는 영상들
다시 보기를 누르지 않아도 화면은 언제나 너에게 정지되어 있다

서툰 말들이 탱자나무에 가시를 돋게 하던 날이 사라졌다
공원을 걷는 노부부의 침묵이
그들만의 편안한 대화라는 것을 깨닫는다

아무리 구겨 넣어도 불쑥불쑥 솟아나는
내 몫의 설움
너의 풍경이 궁금하다

혼자 눈뜨는 아침
지우개가 필요하다고 느끼지만
너는 생인손 같은 것이어서
손끝으로 파고드는 통증은 온몸으로 번진다

철 이른 낙엽이 뒹구는 날

먼발치에서
단 한 번만이라도 바라볼 수 있다면……

창밖 느티나무가 흔들린다
보이지도 붙잡을 수도 없는 바람
꿈속에서만 나타나는 너를 만나기 위해
난 오늘도 잠을 자야만 한다

모퉁이를 걷다

공원 모퉁이를 걷는다

한 여인이 벤치에 앉아 두리번거리다 화들짝 놀란다
산책 중인 내 발소리를
기다리던 사람의 인기척으로 들은 듯

우리의 간격은 10m
그녀와 나 사이엔 보이지 않는 벽이 경계를 이루고
눈이 마주치는 순간
외로움을 들켜버린 눈동자가 흔들리고 있었다
딱히 기다리는 사람도 없는 듯했다
인적이 뜸한 저물녘이었다

비둘기 우는 소리가 적막을 깨우고
새들은 짝을 찾기 위해 귀가 밝아졌다

나도 이제
수신인 없이 통화하는 비결을 터득할 때가 되었다

말하고 싶어서
내 손은 울리지 않는 주머니 속 핸드폰을 만지작거린다

화병

국화꽃 한 묶음 화병에 꽂아 가을을 들여놓았다

열흘의 개화
열흘의 우울
만개한 꽃송이 밑에
문드러진 꽃대궁이 속앓이를 하고 있다

작은 충격에도 가슴이 쿵쾅거린다
심장 박동기 달고
스물네 시간 감시했지만
찾아내지 못한 두근거림 하나
—화병(火病)입니다
마음에 담아두지 마세요, 라는 의사의 말을
나는 참지 마세요, 라고 읽는다

해를 보내기엔 날이 많은데
짧은 계절을 안고 떠나버린 너
추스르지 못한 속내가 긴 밤 문드러진다

두멍에 낀 이끼처럼
더께가 지고 심통을 부리는 몸부림이었다

꽃잎 파르르 떠는 이 가을에
후드득
나는 나를 꺾고 있다

고난에는 움이 튼다

돌부리에 걸려 울던 일은 고난이 아니다

고열에 생사를 넘나들며
산수유를 다려 먹던 일

담 넘어 벌레 먹은 장미를 훔치다 겪은 이별도 고난이라고 하지 않는다

파뿌리의 언약이 효능을 발휘할 때쯤
기가 스러지고 서로의 어깨를 내어주어야 할 때
어스름한 노을을 함께 바라보아야 할 때
한 사람을 하늘로 보내야 하는 건 고난이다

아무 일도 일어나지 않는 날
나른해진 목소리로
오늘은 뭘 먹지
우리 뭐 할까
이런 일상을 이야기할 수 없는 건 고난이다

둘이 보았던 들꽃을 혼자 바라보는 건 고난이다
소소한 일상을 혼자 하는 건 고난이다

고난에서 자란 싹은
사소한 것들을 아파하지 않는다

갱년기

그녀는 지금 리모델링 중이다

소음과 미세먼지를
앙금처럼 가라앉힌다
누가 그녀를 쥐락펴락하는가

습도 짙은 장마철만큼
변덕스런 몸
역류하는 모든 것이 이슬로 맺힌다

예고 없이 찾아온 중형의 무게는
저울로 달 수가 없다
낯선 그녀가 불쑥불쑥 튀어나온다

비상을 원하지만
외출과 칩거는 의미가 없다

기어이 가야 할 먼 길이 남아 있다

가시

수다를 떨며
오므라이스를 먹었는데
가시가 목에 걸려 밤이 따갑다
그는 웃음 띤 얼굴로
내 숟가락에 가시 한 마디 슬쩍 밀어 넣었다
한 줌의 독
멋모르고 받아먹었다
밤새 웃음 속에 숨은 말이 내 잠을 찔러
온몸이 욱신거린다
이 가시를 어떻게 삭혀야 하나
덧난 가슴에 브로치를 달고
짙은 선글라스로 충혈된 눈 가리고
바람의 언덕으로 떠나야겠다
날씨가 화창하다

섬

마을 절반이 폐가

중학교에 진학한 아이는 섬에 머물지 않는다
자식을 떠나보내는 일에 익숙해질 때
아이의 키는 후박나무만큼 자라고 빈집은 늘어난다

어머니의 자궁은 멈춘 지 오래
손을 흔들던 날들이 바닷속으로 가라앉고
안부 전화에도 어머니의 허리는 펴지지 않는다

기둥이 흔들려
집 한 채가 서서히 사라져가는 중
먼지가 혼불처럼 휘돌고 떠나간다
집이 돌아가시려고 한다

집이 없어질까 난감한 길의 표정
목적지가 보여야 하는데
고샅길을 점령하는 잡초를 보는 저녁엔

목젖마저 부어오른다
뒤란의 시누대도 서걱서걱
기둥이 무너질까 걱정하는 눈초리

남편을 바다에 묻은 그녀의 삶
아이를 닻 삼아 하루하루 버티지만 점점 약해지는 밧줄

아이가 어미의 곁을 떠나는 날 그녀는
섬이 되었다

소거문도를 덮은 노을이
수평선을 지우고 있다

매미

푸른 숲 싱그럽고
달맞이꽃 얼비치는 수면이 무대다
맴맴맴맴 스피오스피오

연미복 입은 오페라의 유령이
무대 뒤에 숨어 부르는
시한부의 절박한 절규가 숲을 울린다

할 수 있는 건 오직 그녀를 위한 노래
오랜 기다림이 헛되지 않으려는 듯
포르티시모로 목이 터져라 부르고
피아니시모로 숨이 끊어질 듯 애절하게
부르고 또 불러본다

서투른 날갯짓으로
어둠의 터널을 기꺼이 견뎠던 노래

온몸을 떨며 찾아온 첫사랑이

마지막이 되어버린 너와의 이별
뚜렷이 새겨진 기억들이 노래가 되었다

밤이 깊어가도
꺼질 줄 모르는 조명
공연은 막을 내리지 못하고 애절함은 절정으로 치닫는다

애잔한 눈으로 달무리를 기다리지

저것은 달의 눈물

달이 흘린 눈물이 언저리에 번져 있다
잡히는 것들에게 마음을 내미는 무리
젖은 눈망울 감추며 안개 띠를 두른다

그림자가 밀려올 때마다 볼을 부풀리는 달
바깥 그늘을 벗어버리고 싶은 밤
네가 품은 건 짙은 어둠이었지
난 알 수 있지, 내일은 비가 내릴 거야

빛은 언제나 내 곁에 있다는 생각
익숙한 것들은 들판에 홀로 서게 하고
유행가 가사처럼
어눌하게 드리는 고해성사

너의 부재는
뿌연 테두리를 두르고

만지면 언제라도 터질 것만 같았지
가둬놓은 울음을 건드리는 건
봇물 터지는 위험을 감수해야 한다

샤워기를 틀어놓고
왈칵 눈물을 쏟아본 사람은 애잔한 눈으로 무언가를 기다리지

복숭아의 계절

햇사레 한 상자를 본 순간
침을 꼴깍 삼킵니다
달콤한 과육이 혀끝에 머물 수 있다는 건
소원처럼 기쁜 일입니다
단물이 고이고
오랜 추억이 과즙처럼 깨어납니다

기력이 쇠잔한 할아버지 머리맡
복숭아 한 조각 훔쳐 먹다
어머니에게 꾸지람을 들었던 기억
복사꽃처럼 피어납니다

복숭아는 아프면 먹을 수 있는 보약인 줄 알았습니다

나 아팠다 생각하고 한입만 주세요
붙잡고 졸랐던 치맛자락
그 푸른 언덕에서 나는 자랐습니다

햇살에 주렁주렁 매달린 엘바도의 계절
속살이 익어가는 동안
바람도 풋풋한 향기를 내뿜고
씨앗은 액운을 거머쥐고 딱딱하게 막을 쳤죠
곱고 달달한 과육은
어머니의 발그레한 젖

상자 속에 잠자는 아가들
홍조를 띠고 수줍게 웃네요
아이가 허약해지는 계절이 오면
햇살 품은 말랑말랑한 황도를 먹인답니다

복숭아의 계절이 무럭무럭 익어갑니다

유빙

그의 꿈은 바리스타였거나
패션모델이었거나

꽉 끼는 검은 옷에 짧은 앞치마
검정 워커
공원 모퉁이의 낡은 의자에서 잠들어 있는 남자
누가 봐도 방금 커피를 내리고 온 모습이다

향기를 팔던 그에게
파산이라는 쓰나미가 몰려와
그의 꿈을 휩쓸고 갔으리라
뇌는 궤도를 이탈해 떠돌고 있는 듯
풀린 눈동자는 허공에 머문다

절망보다 더 지독한 희망 한 줌
공원에서 한뎃잠을 자면서도 포기할 수 없어

꿈속에서 커피를 내리는지

워킹을 연습 중인지

햇살이 젖은 옷을 말리는 아침
움찔움찔 잠꼬대를 하며
지푸라기 하나 잡을 수 없는
세상 속으로 흘러가고 있다

다시 잣나무 아래

다람쥐가 새끼에게
아비 없이 사는 법을
가르치고 있다

손이 다 닳도록

아이가 하늘나라를 향해
잣방울을 쏘아 올린다

제3부

죽부인

누가 품어주어야 여인이 될 수 있기에
어느 체온으로든
온기를 느끼고 싶다

누군가의 품을 꿈꾸며
얽히고설켜 살아온
대나무 여인

댓잎 하나 달지 못한 앙상한 몸매로
속을 다 비워버려
마음 담을 그릇조차 없다

하얗게 지새운 밤
온밤 휘감고 뒤척여도
달아오를 줄 모르는
서늘한 여인

무화과 피고

무성한 잎사귀 아래서 마른 젖을 빨며 자랐지요
지칠 줄 모르는 열기 속에서
그녀를 키운 건 바람이었죠
가난을 대물림한 집에도 태양은 떠오르고
배롱나무만큼 자란 몸에도 꽃물이 번졌지요

맑은 물을 마시며
눈이 맑은 남자와 사랑을 꽃피우고 싶었지만
누대에 걸친 가난은
피기도 전에 접어야 했지요

순한 양처럼
주인을 따라와

월출산 자락 농장에서 살았지요
길가에 핀 목백일홍 꽃을 보며
꿈틀대는 꽃술을 억눌렀지요

꽃은 피어보지도 못하고
아이를 셋이나 둔 어미가 되었지요
큰바위얼굴 같은 남자와
주렁주렁 열매를 맺으며
몸속에 붉은 꽃을 피우고 있지요

꽃이 몸 안에 있기에
홀로 지는 설움을 아무도 모르지요

평형수

소용돌이 속으로 꽃잎이 휩쓸린다
파문이 인다

그곳에도 나에게도

그러나 오뚝이처럼 우뚝 서야 한다

언제부터였는지
조여 있던 나사가 몇 개는 풀린 듯
뇌는 유리한 것만 기억한다

평형을 잃은 세월은
안개처럼 수면에서 사라지고
무엇을 향한 울분인가 누구를 향한 분노인가
차오르는 울컥거림

먹먹한 가슴앓이가 싫어
떠나온 여행

벗어나고 싶었다

비가 내린다
둠벙마다 똬리를 틀고 있는 감정들
모자란 부분을 채워가며 평면을 이룬다

처음 보는 사람들과
흔들거리며 다가서는 균형

낯선 곳으로 길이 난다

웰컴 투 민속촌

스마트한 정원 씨
아메리카노 한 잔 손에 들고 출근길에 나서요
차도남인 그의 직업은 글로벌 거지예요

게으른 비렁뱅이도 직업이냐고요
쟁쟁한 경쟁력을 뚫고 취업한걸요
자격 조건은 간단해요
두꺼운 얼굴과 약간의 위트
무료함을 견딜 수 있어야 해요
해진 옷에 바가지를 들면 되죠
백의민족 후손이라 찢어졌어도 흰 옷만 입어요

영어 중국어는 기본
눈치를 조금만 섞으면 관광객의 지갑을 여는 건 식은 죽 먹기죠

졸음이 밀려오면 땅바닥이 천연 라텍스인 양 꿀잠을 자고
배가 고프면 주막에 가서 손만 내밀면 돼요

거지니까요
가끔은 바가지에 달러 엔화 위안화도 들어 있어요

삶의 정원을 이제 막 가꾸기 시작한 그를
아가씨들이 좋아하지 않는 건
밑바닥에서 뒹굴기 때문이지요

분장이 지워진 얼굴
누구와도 마주치지 않는 눈빛
평생 거지 아르바이트만 하는 게 아닌지 걱정이 되면서도
창업주가 되는 꿈을 꾸는 건 그의 즐거움이랍니다

그가 이 일을 하는 건
훗날 거지같은 삶을 살지 않기 위함입니다

퇴근길
아이스커피로 목을 축이며
열심히 번 돈으로 사먹는 커피 시원하다 하네요

우산

내 손에서 새가 된다

언제나 하늘을 나는 꿈을 꾸지만
맑은 하늘에는 길이 없어
익숙한 터치에만 푸드득 날갯짓을 한다

탱탱한 깃털 위에서
튜닝을 마친 악기가 내는 선율에
발끝으로 걷는 리듬을 즐기는 연주회
포르테보다 피아니시모를 더 즐기지만
가끔은 빗나간 불협화음에
날개가 꺾이기도 한다

새들의 병원이 사라진 세상에서
손을 놓는 것은 연주를 포기하는 것
공명된 소리가 머무는 곳에서 멈추길 원한다

바람 자는 날

길섶에 핀 야생화를 보며 걷기를 좋아하지만
높이 날기를 거부하는

젖어야만 나는 새

죽

죽을 쑵니다

물과 쌀의 비율 10:1, 가문의 레시피입니다
풀떼기에서 시작되었던 내력이
보양식으로 등극하기까지는 오랜 시간과 정성이 필요했죠

쌀로만 쑤면 밋밋해요
기력이 떨어질 땐 숨비소리로 건져낸 전복이 필요해요
참기름에 바다 내음과 내장을 넣어 달달 볶아야 해요
마음이 아픈 사람에겐 솔향 품은 잣을 넣어주세요

씹지 않으면
푸티탈린 효소가 운동을 거부한다는 기밀이 떠돌면
죽 집이 죽을 쑤게 될까 조심스럽죠
공공연한 비밀도 가끔은 모른 척해야 해요

계기판을 단 쿠쿠에게 밀려나
바다 건너 코끼리가 호흡 곤란을 일으키자

객장의 전광판이 파랗게 죽을 쑤고 있네요

운석을 넣어 밥을 짓고 싶은데
쪽배를 띄운 은하수가 죽을 준비하고 있네요

별똥별을 보쌈하고 싶은 밤입니다

유기농 쌈을 먹다가

텃밭에서 키운 상추 치커리 케일
벌레가 다녀간 흔적이 있다

잎맥을 피해 숭숭 뚫린 구멍
노모의 골다공증 사진이다
구멍 사이로 물이 새어나가 바람도 잘 통했겠구나

시린 무릎으로 밭이랑을 기어 다니던
엄마의 뼛속 구멍은 누가 키웠을까
오사리만 먹고 자란 내 무릎은 어미의 통증을 닮았다

구멍 난 채소를 버리려다가
유기농이라고 입에 밀어 넣는데
아삭아삭 씹히는 소리가 벌레 소리처럼 들린다

그 옛날 엄마만 보면 칭얼거리던 내 소리가 그렇게 들렸을까
제 잇속만 차리며 잎살만 갉아 먹은 벌레 한 마리

성글어진 무릎에 바람이 드나들고
문턱을 넘지 못해 파르르 떨던

엄마에겐 내가 벌레였을 것이다

우체통

적막이 사는 비탈길
바람도 머물지 못하는 곳에 홀로 서 있다

한때는 그 품에서 일박하고
설레던 날들 마르지 않았는데
이제는 빛바랜 편지로
장롱 깊숙이 잠자는 곰삭은 이야기들

언제부턴가 홀로 남아
수행하듯 삼켜버린
고맙다 사랑한다
이 시린 말들 보고 싶다

발소리마저 가물거리고
햇빛도 야위어가는 길목

눈보라 속에서도
언덕 아래만 응시하며

소진한 나날들 억울하지도 않은 듯

오늘도
하염없이 서서 누군가를 기다리는 독거노인

모래바람

남자의 몸무게는 100kg
건강검진에서 발견한 뇌동맥류
MRI에 나타난 꽈리는
의사들도 눈 비비며 찾아야 하는 크기

사내의 생이 모래알보다 작은
2mm 크기에 흔들리고 있다
일상은 여전한데
세찬 바람 앞에 몸을 가누지 못하는 풀잎처럼

말기 암만 사람을 죽이지 않는다
방황의 끝은 없다
어제까지 평안했던 가정은 착지가 불가능했다

여자도 이런 날들이 있었기에
볼멘소리를 다독인다

모래바람이 거세게 불어 메르스가 창궐하던 때

넓은 병실에 혼자 머물던 날
낙타는 따가운 눈총을 견디느라 힘들었고
여자는 혼자서 아침이 오기를 기다렸다

젖은 등을 보이며 앉아 있는 그
시간은 어느덧 밤으로 옮겨가고
굳이 모든 걸 알아야 할 필요는 없다

수술대 위에 그가 누웠다
외풍이 세다

소금꽃

누구의 목숨 값일까

물의 근육들이 소용돌이친다
토해낸 미역 다시마 소라가
모래톱에 널브러져 몸을 말리는 해변

포말로 넘겨다 본 세상
뭍에서
꽃으로 피고 싶은 바닷물이 넘실거린다

침전물을 걸러내고
단단한 염판 위에서 수행하듯 뒤척거린 날들
결정지에서 시작된
햇살의 다비식
바람이 눈부시게 빛난다
뒤적거리는 손길 따라
물이 만장처럼 떠나가고

염부의 옷자락에도 수정꽃 피는 날
뚜벅뚜벅 걸어 나온다

반짝이는 소금꽃
바닷물의 사리

난다

서늘한 바람에게서
어둠을 희석한 물빛 냄새

반지하 안에서 그을린 시간의 냄새
한 시간은 가야 하는 거리
매의 눈으로 두리번거리는 사람에게서
늙은 냄새

눈만 자는 풋사과 청년
후각의 날을 깎고 있다
손가락만 까딱하는 스마트폰에
긴 머리 여자가 숨는다
숙여진 고개 위 알싸한 냄새

짙은 향수를 마시는
달팽이관이 현기증을 일으키고
서둘러 온 계절을 나무라듯
강렬하게 들어선 나프탈렌 냄새

사각의 공간에 각자의 색깔을 뿌려놓고 가는 사람들
서로에게 스며들어
힘든 하루를 견디게 한다

편견의 눈으로 지상을 바라보며
출구를 향해 걸어 나가는 나에게
어둠 하나 툭 떨어진다

생보자 한 그루

몸의 절반을 땜질하고 지팡이 짚고 홀로 서 있는 보호수
계절은 늘 한 발 늦게 찾아와
고사목인가 싶으면 어김없이 푸른 잎 피워낸다
그늘 하나 만들 수 없는 몸으로 뭘 하려는지
기다리는 소식이라도 있는지
섶인 양 몇 가닥 푸른 잎 걸친 우듬지
비둘기의 날갯짓에도 귀를 쫑긋거리며
악착스레 버티는 회화나무 한 그루

반지하에 사는 이복순 할머니
굽은 허리 유모차에 의지하며
언덕길을 잘도 밀고 간다
빈 박스를 찾아 동네를 몇 바퀴나 돌았을까
희끗희끗한 머리카락 만년설처럼 휘날리며
구름이 낮게 깔린 골목을 오른다
움켜진 몇 장의 지폐는 속주머니에서 꼬깃꼬깃 시들어 가도
식탁은 언제나 조촐하다

지나가는 발자국 소리에 귀를 기울여보지만
아무도 찾아오지 않는 습한 방

창틈으로 들여다보는 한 줄기 햇살이
어깨 위에 머물다 간다

단풍

물든다는 것은

그것을 닮아간다는 것이다
나를 조금씩 버리고
그에게로 가는 것이다

영원할 것 같은 초록이
발갛게 물들어가는 건
사무치게 사무친 것이 있기 때문이다

백양사 애기단풍처럼
발그레한 마음을 가진 그가
거기 살기 때문이다

언제나 곱고 따스했던 사람
조금씩 닮아가다 보면
노을처럼 그에게 스며들겠지

슬며시 내려놓고 싶을 때
너의 처음으로 돌아와 앉는 것은
거기 밑동에 신발 벗어놓고
본향으로 가는 것이다

나를 녹여 그의 몸과 하나가 되는 것이다

도다리쑥국

바다 밑에 납작 엎드려
세상의 무게를 온몸으로 받아내더니
사랑이 그렇게 힘들었을까
아닌 척 그리워하며
짝눈이 되는지도 모르고
그녀를 향한 방향은 언제나 오른쪽이었다

삼 년을 기약한 연민
한파를 이기고 기다려온 해쑥의 향기가 살 속으로 스며든다

뜨거운 밤
솔솔 냄새를 풍기며
몸을 살찌게 하는 도다리쑥국의 입소문이 자자하다

좋은 향 품어
시원한 국물로 남고 싶은 봄날

제4부

돋보기

『나무와 풀 달』이란 시집을 펼친다

넘기는 페이지마다 하늘도 들도 없다

고물거리는 뿌리가 촉수를 내밀지만
마음보다 앞서간 눈에 돋보기를 얹는 순간
낮달이 나무의 자음을 읽고
구름의 감정을 읽는다
팝콘처럼 후드득 매화가 터지고
산수유가 살뜰히 고백에 들어간다
뽑힌 머리카락 같은 문장 하나 고개를 든다

어둠이 달에게 빛을 내어주고
보이는 것이 상처의 싹을 틔운다

보이는 것과 보이지 않는 것
어느 것이 진실인가

도화는 피고

복사꽃 필 때
일곱째 동생이 태어났지
산비탈을 일구는 아비의 꿈은 복숭아나무 같은 아들이었어
붉은 볼을 가진 아이는 애보기로 솎음을 당했지
튼실한 열매를 위해 어쩔 수 없는 선택이라고
설익은 과즙 같은 비를 맞으며
맑은 날을 기다렸지

바람이 불 때마다
골병이 든 가지는 휘청거렸지
척박한 땅에 가까스로 뿌리를 내릴 때
목마름을 견딜 수 있었던 건
코끝에 머무는 그 향기 때문이었어

가지치기를 하던 날
떨어진 과육만 발라 먹이던 어머니 손에
농익은 복숭아 하나 들려 있던 모습,
과즙이 흐르지 않는 멍든 열매도 정성스레 만지시던 눈빛

은 젖어 있었지

과육은 서로 다른 맛을 내도
곁가지도 모두가 한 줄기

'이제는 살 만해야!'
보내온 황도 한 상자
아이의 얼굴에 보조개로 피어올랐지

내 마음에도 복사꽃 피어오르고

수박

쩍 갈라진 수박을 본다

잘린 심장에서 뿜어내는 피
칼날을 피해 군데군데 박힌 씨앗들
달달한 양수 속에서 잘도 여물고 있었구나
몸이 잘려도
씨앗은 살리겠다는 마음이 붉게 흐른다

수박 줄기를 따라가면
여기저기 여물지 못한 덩어리들 젖을 빨고 있어
통통 두들기는 부름에
맑은 소리로 대답하며 기꺼이 달려 나왔으리라

올망졸망, 아이를 다섯이나 둔 영동 오지의 여인
나무 그늘에서
허연 젖가슴 드러내고 젖을 먹이는 그녀
둥그런 뱃속에선 덜 여문 아이가 발길질을 하고
여인의 입가에 미소가 머문다

밭고랑에서
저물녘에야 펴보는 허리
통증이 발목을 잡지만
수박씨 같은 아이들 생각에 발걸음 재촉한다

삶을 다 내어준
빈껍데기들이 물기를 말리는 시절

뱉어진 씨앗들이 흙을 찾지 못해 안절부절이다

가을을 놓치다

대성리 산모퉁이에 집 하나 짓고 칩거 중이다

이명자 여사

남편을 먼저 보낸 저택에서

진돗개 세 마리와 함께 저문다

처서의 따가운 햇볕이

텃밭의 고추를 발갛게 물들이면

마당을 점거한 쑥부쟁이 씀바귀가

끝물이 되어 처연을 보태고

더욱 짙은 향기로 그녀를 보살핀다

담을 훌쩍 넘는 풍문마저도

무섭게 짖어대는 진돗개의 서슬에 엉덩방아를 찧고

아무도 얼씬거리지 못하니

인적 끊긴 집 담 너머로

고개 숙인 해바라기 하나

새까만 울음 망연히 삼킨다

신사임당은 숙면 중

본관은 평산이다
해풍이 키운 그녀는 뼛속까지 양반이었다

아들잡이로 데려온 남편과
가문을 잇는 그녀
흠이 날 새라
오죽도 까맣게 속을 태우며 보살폈다
풀벌레도 수국도 풍경으로 남을 때
그녀의 숨결은 화폭에 스며들고 있었다

짧은 생
현숙한 여인을 사모한 사람들이
깊이 잠든 그녀를 복제시켜 가슴에 품고 다녔다

다시 태어나도
가난한 이웃의 친구가 되고 싶었을 여인
공명첩을 사들인 양반들이
그녀에게 집착을 보이기 시작했다

아름다운 여인을 보면 사족을 못 쓰는 사람들
한때는 마늘 밭에서 잠들게 할 때도 있었지만
암막 커튼을 두른 철궤에 정중히 모시기 시작했다

외부인을 따돌리고
숙면을 취하게 하기엔 이곳이 적지다

코딜리아 페트

버림받은 모체들이 표류한다
높은 파고에 몸부림치면서
한 발짝씩 다가간 표착지

육지에서 찾아온 영혼 없는 무리들이 더미를 이뤄
발 디딜 틈이 없다
정처 없이 떠나온 길은 험난했다
시간은 멈춘 지 오래

어느 바다를 지나왔을까
해가 뜨고 지는 유일한 헤아림
눈감고 도착한 북태평양 섬
한때는 진주처럼 빛나던 작은 영토였지만
플라스틱 아일랜드로 변했다

포화 상태의 섬
더 이상 난민을 받을 수 없는 나라에서
플라스틱 섬을 만드는 데 큰 공을 세운 나라에 사절단을 보

냈다

연어의 귀향처럼
크고 작은 식솔들을 거느리고 찾아온 나라

긴 항해 끝에 돋아버린 비늘로 인어가 된 공주
햇살 머무는 투명한 몸매는 여신의 자태다

의전행사 끝나면 언제나 썰렁한 주변
듬성듬성 잔디 사이 땡볕만 한 가득이다

육지의 삶이 고달픈지 기력이 날로 쇠해진

동백섬에 머무는 플라스틱 프린세스,

그리고
—접속사에 관한 계발서

혼자서는 아무것도 할 수 없다
굳이 많은 것을 알아야 할 필요도 없다

어떤 모임에서
앞사람 말에 맞장구치며 인심 쓰는 사람처럼
전문에 그저 하나 더 보태면 된다

그러나 하고
다른 사람 말에 반론을 제기해 심기를 건드릴 필요도
그래서 하고
결론을 지어 책임질 일도 없다

삼 남매 중 둘째 아이처럼 위아래 눈치 보며
불편한 말에 살짝 더 얹어 내 편 만들고
좋은 말엔 성격 좋은 사람처럼
그냥 중립을 지키면 된다

주장이 강해 언제나 경계 속에 사는 당신

인심 좋게 살아가는 법을 배워야 하지 않을까

그리고에게

몸을 튜닝하다

목덜미가 뻐근하다

기울어진 감정들이 엉켜 어깨를 짓누른다
굳어버린 마음이 담이 되어
저마다 높이는 소리는 불협화음이다

풀어주지 않으면 나중에 못 써요

진흙덩이 부수듯 주무른다
뭉쳐 있던 근육들이 내는 신음 소리
큰 아픔이 오면 작은 일들은 사라지는 것을
몸은 알고 있는지
묵묵히 통증을 받아내고 있다

튜닝을 마친 악기처럼
탱탱하게 당기고 있을 때 그토록 아팠던 곳
집착을 내려놓자 스르르 풀리기 시작한다

한 발짝도 물러서지 않던 너와 나
어느 순간 마주보고 서 있다
조금씩 양보하며 놓아주던,

그때부터였다
뭉쳐 있던 응어리가 풀리기 시작한 건

만국기

곶곶에서 날아온 철새들
비상 중이다

저들에겐 국경이 없어
여권도 비자도 없이 서식지 언저리에 날아든다

수만 마리가 넘나들어도
불법체류라고 귀향 조치를 내리지 않는다

비바람에 날개가 꺾일까 노심초사할 뿐
소음과 흩뿌려진 배설물도 감수한다

조망을 보고 찾아온 것도 아닌데
깃발이 머물면 풍경이 된다

바람은 냉기를 전해오고
주섬주섬 떠날 채비를 하는 새들
팽팽한 활주로를 만들어 비행 중이다

머물 곳을 찾아
가는 곳은 다르지만
새들에겐

하늘은 하나다
추운 곳과 따듯한 곳이 있을 뿐이다

종유석

폐 관문에 결절이 있음
재검을 요함

언제부턴가
눈물이 바깥을 거부했다
메마른 눈동자는 마중물 기다리듯
서걱거렸다

한 방울씩 떨어지는 물방울
연명하듯 받아먹으며
동굴 속을 울리는 두근거림 다독거려주지 못했더니
굳게 닫아놓은 터널 안에서
습한 앙금으로 자라고 있었다

삭히지 못한 침착의 결정체가
돌고드름이 되어
아주 천천히 자라나고 있었다

무서운 멈춤을 향해

빛이 들어오길 기다리고 있었다

가을 한 줌

선운사 담 모퉁이 붉은 꽃
몇 해 그 자리 지키고 있다

잎 하나 달지 못하고 서둘러 나와
짙은 향내 풍기며
누굴 기다리나

산사에 들른 해는 서둘러 돌아가고
각시나비 앉았다 간 자리
서늘한 바람만 스쳐간다

저녁 빛 한 모금으로 버티는
꽃잎보다 긴 꽃술
망부의 흔적일까

꽃무릇이라는 이름으로
여전히 핏빛으로 물든다

꽃물로 그려낸 탱화처럼
차마 떨치지 못할 흔적
수백 년 바래지 않을
가을 한 줌 거머쥔다

벚꽃 피다

잉태 중이었다
태명은 꽃들이라 했다

튼 배 움켜잡고 헛구역질 하는 왕벚나무들
입덧이 심했는지 앙상하다
봄비 촉촉이 맞으며 더욱 볼록해진 몸
땀방울 송골송골 출산 준비 중이다

호수가 양수를 터뜨리는 날
거대한 산실이 펼쳐졌다
분주하게 오가는 사람들
산통을 견디는 가지들의 자궁이 열렸나

출산을 시작하자
후드득 울음을 터뜨리는 다둥이들
젖은 입을 오물거리며 사월의 오후를 거머쥔다
늘어난 축하객들 셔터 소리에
액운을 막으려는 듯 수양버드나무 금줄을 치고

솜털 보송거리며 양수를 털어 말리는 꽃송이들

배시시 미소 짓는 아기들이 옹알이를 시작한다

이명

입추와 처서 사이
내 귀가 시끄럽다

짝을 찾지 못한 매미의 울음인가
서둘러 나온 귀뚜라미 노래인가
날아든 말 한 마디가
가시처럼 목에 걸릴 때
모른 채 꿀꺽 삼켜버린 날이 있다

낯선 것들이
동굴에 둥지를 틀고
밤낮없이 부르는 이 선율은 누구의 지휘를 받는 걸까

불협화음은
층간 소음마냥 혼미해지는데

조각 잠 늘어만 간다

내 안에
나를 닮은 벌레 한 마리 키운다

목련 열병식

혹한기 연단을 마친 훈련병들
꽁꽁 싸맨 젊음을
기대 속에 내맡기고 있다

냉기 가신 바람이 초리마다 머문 촉을 부풀리는 봄
터뜨리지 못한 진통이 꿈틀대고
보송보송한 솜털이 혈기를 다독인다

조금씩 여물어가는 눈빛
투박한 겉옷 속에서
아직 피어나지 못한 꽃봉오리
함성 지를 그날을 기다리며
내일을 향한 축제가 한창이다

받들어 총

해설

특별한 감정의 결, 모순과 충돌한 흔적들

마경덕 시인

지면(紙面)에 쌓인 시의 지층으로 들어가 보면 개인의 역사가 기록되어 있다. 셀 수 없이 많은 시간이 퇴화해서 오늘과 내일이 되듯이 과거의 경험과 기억이 현재를 만든다. 무의식 저편에 화석처럼 남아 있는 특별한 감정의 결을 수집하고 활용하는 시인들. 퇴적층을 통해 흘러간 시대를 유추하듯, 축적된 경험을 통해 새로운 이미지를 발굴하고 결과물로 존재를 확인한다. 이질적인 대상들이 부딪치고 반응하는 과정에서 각각 다른 풍경이 태어나듯, 시를 짓는 일은 사실과 허구 사이를 오가며 인지하는 것과 실제 존재하는, 그 틈을 확인하고 사유하는 작업이 아닐까. 시인은 일방적인 바라보기의 태도를 배제하고 개입할 대상을 살펴 분해하고 조립하며 상상을 작동시킨다. 이때 친밀한 일상의 재료는 상징적 기능을 지닌 오브제로 재구성되는 것이다. 시인이 기록해온 일련의 풍경에서 한 개인의 시선과 마주치는 일은 흥미 있는 일이 될 것이다.

누군가 순간의 직관들이 하나의 큰 호흡으로 이루어지고 그것을 '삶'이라고 하였다. 꽃은 피지만, 피는 모습은 인간의 눈에 보이지 않는다. 한계를 뛰어넘어 그 너머의 것을 찾는 과정에서 환상과 현실은 끊임없이 부딪친다. 어느 날 신영애 시인은 '압도적인' 사건을 경험한다. 그의 영역에는 '삶과 죽음'이라는 경계에서 '모순과 충돌'한 흔적이 있다. 숱한 균열을 시인은 어떻게 소화할 수 있었을까. 작가란 자신에게 상처가 된 장면을 형상화시킨다고 한다. 그것이 곧 상처에서 탈출하는 '유일한 출구'일지도 모른다. 유기적으로 연결된 주변의 관계망을 통해 신영애 시인은 세상과 '소통하는' 방법을 만들며 주어진 현실을 담담하게 구사한다. 현재를 구성하는 요소들이 다른 대상과 다양한 관계를 맺으며 삶에 몰입할 때 시적 에너지가 발생한다. 시인의 기억이 어느 곳에서 존재하며 확장되는지, 과거와 미래를 이어주는 각각 다른 속도에 대해, 거스를 수 없는 파동에 대해, 스스로 던진 질문에 '해답'을 찾아가는 긴 여정이 지면에 선명하게 남아 있는 것도 그 때문이다.

국화꽃 한 묶음 화병에 꽂아 가을을 들여놓았다

열흘의 개화
열흘의 우울
만개한 꽃송이 밑에
문드러진 꽃대궁이 속앓이를 하고 있다

작은 충격에도 가슴이 쿵쾅거린다
심장 박동기 달고
스물네 시간 감시했지만
찾아내지 못한 두근거림 하나
—화병(火病)입니다
마음에 담아두지 마세요, 라는 의사의 말을
나는 참지 마세요, 라고 읽는다

해를 보내기엔 날이 많은데
짧은 계절을 안고 떠나버린 너
추스르지 못한 속내가 긴 밤 문드러진다
두멍에 낀 이끼처럼
더께가 지고 심통을 부리는 몸부림이었다

꽃잎 파르르 떠는 이 가을에
후드득

나는 나를 꺾고 있다

—「화병」 전문

가을을 상징하는 국화가 한 묶음 화병에 꽂혀 있다. 시각적 환경을 제공한 장소는 거실일 수도 있고 안방일 수도 있다. 이때 꽃을 감싼 화병 역시 '갈등과 충돌'의 장소이다. '바라봄'은 단순한 '놀이'이지만 '보여줌'은 화병에 의탁한 '꽃'의 마지막 '노동'이다. 이때부터 각각 다른 '질량'을 지닌 초를 다투는 '진자운동'이 시작된다.

화병에 꽂아도 열흘을 너끈히 버티는 꽃이어서 겉보기엔 싱싱해 보이지만 속사정은 다르다. 가위에 전지된 순간, 시한부 선고를 받은 꽃은 화병 속에서 악취를 풍기며 삶의 경계를 넘어가는 중이다. 적당히 관망하며 타인을 외면하는 거리는 어느 정도일까. 꽃을 바라보는 동안, 우리는 향기에 취해 문드러진 대궁을 보지 못한다. '볼 수 없음'은 아득한 거리이다. 끝내 타협하지 못하는 둘의 관계, '화병과 꽃'은 '고립'의 자세로 시들고 있는데, 그 거리를 헤아릴 줄 아는 사람은 몇이나 될까. 내부의 문제를 방치하면 언젠가는 외부로 드러나게 된다. 웃음에 가려진 울음일수록 상처가 깊다.

잠재된 기억을 현재의 시간 속으로 호출하는 것은 두려운 기억과 마주하는 것이다. 불편한 대면은 마치 '나를 꺾는' 일이어서 화병은 깊어지고 울화가 끓어오른다. 개인의 정서에

균열이 가는 상황 앞에서 침묵은 어떤 의미였을까. 외부의 자극이 내부로 번지는 동안 몸부림이 동반되었다. 눈을 감고 예민해진 귀를 통해 시인이 들었던 소리들, 다른 감각을 집중시켜 사라진 부재의 자리를 채우기도 했을 것이다. 누군가 무음은 침묵이며 '말할 수 없음'이고, '말하지 않음'의 의지라고 했다. 그동안 자신의 내부를 '무음'으로 일관한 시인에게 '무음'은 결국 '없음'과 '않음' 그리고 자신의 내부를 규정한 '의지'였던 것이다. 「화병」은 화자의 심정을 화병(火病)과 화병(花瓶)으로 접목한 개인의 실천적 고민을 보여주는 감각이 돋보이는 작품이다.

참꽃을 피울 수 있다고 했다
희미한 향을 찾아 오른손을 담갔으나 안개는 걷히지 않았다
꽃은 기미가 없었고 후각은 무디어 갔다
기다림은 일요일 오후처럼 조급해지고 중심은 멀어져 갔다
체온은 항상 웃돌았다
온실에서 자란 꽃은 비바람을 이기지 못하고
꽃잎은 한 점 빛마저 잃었다
둑 너머엔 망초 잎이 자라고 있었다

수정이 필요한 연둣빛 웃음들

흔들리는 갈증은 어디에서 멈출지
타는 듯한 향기에 벌과 나비는 숲을 잃었다
밭을 일궈 꽃을 피워보려는 무리들
계절이 바뀌면 열매를 맺을까
날고 싶었다
바람은 어디로 부는가

각자 써 내려간 낯선 문장들이
저마다 내는 쓴소리
그 소리에 닿기 위해 지문은 사라지고
귓불에 머물던 향기는 흔적이 없다
유통기한은 길지 않았다

꿀을 주세요
수정해 줄게요

산수국 헛꽃이 아프게 몸을 뒤집는다

—「헛꽃」 전문

산수국은 자잘한 참꽃 수백 송이가 모여 한 송이가 된다. 꽃이 잘아 곤충을 유인하기엔 부족하다. 그래서 가장자리에 눈에 띄는 헛꽃을 피운다. '헛꽃'은 말 그대로 '헛것'이다. 긴 겨울을 보내며 얼고 녹으면 잎맥만 남는 열매를 맺지 못하는 꽃, 낭화(浪花)이기 때문이다. 일생 참꽃을 위해 헛꽃으로 살다 간다. '참과 거짓 사이'에서 갈등하며 살아가는 우리의 인생을 닮았다. "참꽃을 피울 수 있다고 했다/희미한 향을 찾아 오른손을 담갔으나 안개는 걷히지 않았다/꽃은 기미가 없었고 후각은 무디어 갔다" 시인이 참꽃이라고 믿었던 시간들, 생의 변곡점(變曲點)에 오류가 생겼다. 우리는 자신의 기억, 또는 타인의 기억을 온전히 믿을 수 있는가? 한 지점에서 또 다른 공간으로 이동하는 시간의 흐름에 기억은 조금씩 수정되고 지워지며 추상적인 기억만 남게 되고 잘못된 인식은 오류를 낳기도 한다. 보이는 것, 우리가 기억하는 절대적 믿음과 가치에 대한 그 이면에 '숨어 있는 진실'도 일부에 지나지 않는다는 것이다. 시간이 지나면 강렬한 경험을 제외하고 대부분 사라져버린다는 인간의 불완전한 기억으로 "지문은 사라지고/귓불에 머물던 향기는 흔적이 없다". 「헛꽃」은 고립된 공간에서 느끼는 고독하고 불안한 심리를 통해 '실재와 허구 사이'의 간극을 잘 드러낸 작품이다. 신영애 시인은 현실을 위협하는 불편한 기억과 대면하며 '헛꽃'이라는 알레고리를 차용해 "아프게 몸을 뒤집는" 행위로 생의 의지를 다짐하고 있다.

한때는 꽃이었음을 감지한다

이른 봄
장다리꽃 위에 포르르 앉고 싶었을 나비 한 마리
수없이 날개를 폈다 접는다

가시거리는 눈과 눈 사이

왼쪽 눈이 오른쪽에게
오른쪽 눈이 왼쪽에게 할 말이 있다는 듯

눈 질끈 감고 덮어버렸던 그날

조금은 가물거리는 너를 결코 잊어서는 안 된다는 듯,
하느작거리며 무언가 새기고 있지만
스텝은 엇박자여서 읽히지 않는다

잡힐 듯 잡히지 않는
내 것인 듯 내 것 아닌

나비가 전하는 말

—「비문증」 전문

'비문증'은 눈앞에 검은 무언가가 떠다니는 것처럼 느끼는 증상이다. 시선의 방향에 따라 이물질의 위치도 변한다. 잡히지 않는 무언가가 눈앞에 어른거리며 정신적 스트레스를 유발한다. 시인은 "눈과 눈 사이"를 날아다니는 그 '허구의 물체'를 "장다리꽃 위에 포르르 앉고 싶은" '나비'라고 보았다. 시인은 "한때는 꽃이었음을" 고백한다. 재미있는 것은 화려한 장미도 향기로운 백합도 아닌 소박한 '장다리꽃'이었다는 것이다. 그러고 보니 '장다리꽃'은 나비가 무척이나 좋아하는 꽃이 아닌가. 하지만 그 한때가 지났으니 '내 것'인 듯한 '나비'는 '내 것'이 아닌 것이다. 봄의 전령사인 나비가 배추밭이나 무밭을 순례하는 봄날은 얼마나 아름다웠을까. 화려하고 가지런히 정돈된 도시의 화원에서는 이제 나비를 만나기가 쉽지 않다. 한적한 시골길에서 만난 배추흰나비 한 쌍이 사무치듯 그리운 것은 무엇 때문일까. 무심히 배추밭 한켠에 버려진 배추 한 포기가 노랗게 피어낸, 또는 무 한 개가 물고 있는 보랏빛 꽃이 얼마나 눈부신지 시인은 알고 있다. 장다리꽃이 품은 한 줌의 씨앗은 다시 돌아올 '봄'이다. 나비가 있기에 가능하다.

세상에는 내 것인 줄 알았던 것들이 어느 순간 손아귀를 빠져나가 타인의 것이 되기도 한다. 마치 다른 꽃으로 날아가 버리는 나비처럼, 닿을 수 없는 거리로 사라진 꿈은 엇박자여서 읽히지 않는 일장춘몽이다. 눈앞에 어른거리는 '비문증'은 시인에게 잡을 수 없는 '아름다운 한때'와 같다. 이미지가 넘치는 시대의 시선은 화려한 영상으로 집중되지만 이렇게 소박하고 정갈한 시선도 있다. 신영애 시인은 의미의 양면성을 '비문증'에 담아 자신만의 필법으로 색다르게 변주하였다. 평소 시인이 주목해온 수집품은 '자연'과 '사람'이다. 서정을 추구하는 작업 형식에는 생략된 선 너머, 만질 수 없는 쓸쓸한 정적이 고여 있다. 아래 예시 「모퉁이를 걷다」도 유사한 맥락으로 이어진다.

공원 모퉁이를 걷는다

한 여인이 벤치에 앉아 두리번거리다 화들짝 놀란다
산책 중인 내 발소리를
기다리던 사람의 인기척으로 들은 듯

우리의 간격은 10m
그녀와 나 사이엔 보이지 않는 벽이 경계를 이루고
눈이 마주치는 순간
외로움을 들켜버린 눈동자가 흔들리고 있었다
딱히 기다리는 사람도 없는 듯했다
인적이 뜸한 저물녘이었다

비둘기 우는 소리가 적막을 깨우고
새들은 짝을 찾기 위해 귀가 밝아졌다

나도 이제
수신인 없이 통화하는 비결을 터득할 때가 되었다
말하고 싶어서
내 손은 울리지 않는 주머니 속 핸드폰을 만지작거린다

—「모퉁이를 걷다」 전문

'모퉁이'는 구부러지거나 꺾어져 돌아간 자리나 변두리나 구석진 곳이다. 시인은 그 '모퉁이'에서 인물과 풍경을 포착한다. 느슨하게 느껴지던 공간에서 어느 순간 긴장감이 돈다. 보이지 않는 벽이 경계를 이루고 "눈이 마주치는 순간" 눈동자가 흔들린다. 외부 요소들이 홀로만의 공간에 '개입'했기 때문이다. 시인 역시 '모퉁이'를 걷는다. '모퉁이'가 가진 '한적'함에 타인의 시선에서 벗어나고 싶은 심리가 깔려 있다. 새들마저 짝을 찾기 위해 귀가 밝아지는 저물녘이었다. 동병상련이라고 했던가. '외로움'은 서로를 알아보는 법, 시인이 바깥과 차단된 불균형에서 벗어날 방법으로 택한 장소는 '공원'이었다. 이 모든 과정은 '모퉁이'라는 장소가 '존재하기' 때문이다. 사람과 사물, 기억과 공간이 부딪치면서 파생하는 것은 '무의식의 내면에 잠재된 외로움'이다. 사람들이 모여 특정 시간에 걸쳐 무언가에 집중하게 되면 그 나름의 구조가 생기고 그 안에서 모순이 생긴다고 한다. '외로움'에 길들여지지 않으려 타인과 모임을 갖지만 그 구조 안에서 또 '외로움'은 발생한다. 주체하지 못할 감정을 어떻게 치유할까. 가상의 공간에서 같은 취향을 가진 또는 다른 가치관을 가진 개인과 개인의 소통을 가능케 하는 것은 '스마트폰'이다. 서로의 생각을 공유하며 문자메시지나 통화를 통해 긴밀한 관계를 형성한다. "나도 이제/수신인 없이 통화하는 비결을 터득할 때가 되었다/말하고 싶어서/내 손은 울리지 않는 주머니 속 핸드폰을 만지작거린다"에서 보여주듯, 시인과 통화할 각별한 대상은 '부재중'이다. 시인은 동시대의 가장 보편화된 소통의 매체를 통해 현대사회에서 개인이 지닌 '외로움'을 여실히 보여주고 있다. 아래 「건강검진」에서도 '외로움'의 실체를 만날 수 있다.

수사는 지하벙커에서 시작되었다
주어진 암호는 107호
가문의 내력까지 추적하며 비밀문서는 자필 서명되고
LTE로 연결된 수사망은 빠져나올 수 없다
미소 속에 감추어진 날카로운 눈빛은
모두가 명수사관임을 암시한다

그림자처럼 남겨진
그대 영상 하나 숨겼을 뿐인데…

심증은 소문보다 못해 증거가 될 수 없다

물증을 찾기 위해
최첨단 기계로 몸을 훑어가고
삼킨 것부터 배설물까지 뒤지며
토설치 않는 말을 찾기 위해 약물을 주입시킨다

거미줄에 걸린 먹잇감처럼
파리한 얼굴로 끌려 다닌 힘겨운 시간
부릅뜨고 버티던 눈꺼풀이 문을 닫는다

끝내
너를 새겨놓은 흔적, 찾아내지 못했다

오진이다

—「건강검진」 전문

'건강검진'은 몸을 뒤지는 수사의 방식으로 지하에서 시작된다. 암호는 107호, 간호사는 차트를 보며 문 앞에 대기 중인 107번을 부를 것이다. 가문의 병력까지 추적하고 자필 서명되는 수사의 방식은 최첨단 LTE로 연결되어 수사망은 빠져나올 수 없다. 흰 가운을 입은 의사는 모두 명수사관이다. 심중은 증거가 될 수 없어 약물을 주입시키지만 "끝내/너를 새겨놓은 흔적, 찾아내지 못했다//오진이다" 그렇다. 심중에 깊이 새긴 흔적을 누가 알 것인가. 다만 '마음의 그림자' 하나 숨겼을 뿐이라고 생의 한부분인 것처럼 담담히 토로하지만 '그림자'는 '절대적 비중'을 차지하고 있다.

비슷한 소리들이 공존하는 세상에서 극적인 상황도 있다. '그림자' 속에는 기나긴 고통의 시간, 입을 닫고 선글라스 하나로 외부로부터 자신을 단절시킨 시간도 있을 것이다. 어느 날 들이닥친 남편의 죽음, 운명과 충돌한 그 격동의 파문이 가슴에 까맣게 고였을 것이다. 문득, 느껴지는 빈자리의 서늘함, 지극히 사소한 일상의 말들에서, 다시는 호명할 수 없는 언어도 있는데, 짓무르고 말라버린 울음도 있는데, 미세한 균열과 붙잡지 못한 '단호한 이별'도 있는데 정작 '흔적'은 없다. '실체'가 없으니 쉽게 인정하지 않는 냉정한 현실을 시인은 "오진이다" 한마디로 압축하였다. 감정을 절제한 이 짧은 한마디가 시의 진수(眞髓)를 보여주고 있다. 많은 말을 생략함으로 더 많은 말을 하고 있는 은유와 언어의 절제가 돋보이는 「건강검진」은 모처럼 만난 수작이다.

바람이 부고를 전했다

중부 하늘에서 세력을 넓혀가던 먹구름
그 무게를 이기지 못하고 추락했다
물로 빚어진 그의 몸
눈물을 쏟아내고 나면 사라진다

조문을 위해 잰걸음으로 모여드는 구름들
번개가 조등을 켜고
우레가 외는 상두 소리
요란한 장례식을 치르는걸 보니 명사의 죽음인 듯

리기산의 운해로 머물고 싶었으리
메마른 나무에게 여우비로 적셔주고 싶었으리

장례는 풍장으로 치러진다
너나없이 상복을 입고
곡비처럼 찔끔거리며
휘날리는 만장의 뒤를 따르고 있다

땅에서는 망자 굿이라도 하는 듯
타닥타다닥
흙 향이 진동한다

—「그리고 구름은 사라졌다」 전문

바람이 부고를 전했다. 불확실한 내일을 알리는 암시였다. 하늘에서 세력을 넓혀가던 먹구름이 사라진 것은 순간이었다. 체감한 균열과 상황을 '먹구름'과 연결시켜 암울한 심경을 형상화하고 있다. 평생 공들인 탑이 찰나에 무너지듯 '사라지는' 것을 통해 생의 허무함을 보여주는 작품이다. 한 사회에서 통용되는 일련의 기호가 사회적 약속이다. 이미지, 제도나 법률도 이에 속한다. 통상 혼자된 젊은 여인을 바라보는 고정된 시각, 또는 사회화된 개인의 의식에서 우리는 얼마나 자유로울 수 있을까. 구름은 사라지면 그뿐이지만 '삶과 죽음'의 충돌, 우발적인 사건이 남긴 진동의 여파가 크다. 관찰의 대상인 번개와 우레를 동반한 '먹구름'은 생의 중간 지점에서 만난 일련의 사건이다. 개입이 차단된, 또 다른 길 하나가 생의 길목에 잠복하고 있었다. 허무하게 무너지는 구름처럼 '생의 중심'이 사라지고 이때부터 결핍이 시작되었다. 결핍은 '소유와 존재'의 두 가지 차원으로 나타나고 존재의 결핍은 '소유가 적음'으로, 소유의 결핍은 '완벽한 존재를 추구하는 욕망' 속에서 나타난다고 한다. 시인은 임의적이고 불완전한 기억에서 탈피할 수 있는 '개인의 심리'에 주목하고 현대인이 느끼는 내구성이 강한 '고립'이라는 소재를 활용해 '주관적 기억'을 풍족함과 상반되는 '결핍'의 이미지로 구현해낸다.

돌부리에 걸려 울던 일은 고난이 아니다

고열에 생사를 넘나들며
산수유를 다려먹던 일

담 넘어 벌레 먹은 장미를 훔치다 겪은 이별도 고난이
라고 하지 않는다

파뿌리의 언약이 효능을 발휘할 때쯤
기가 스러지고 서로의 어깨를 내어주어야 할 때
어스름한 노을을 함께 바라보아야 하는 때에
한 사람을 하늘로 보내야 하는 건 고난이다

아무 일도 일어나지 않는 날
나른해진 목소리로
오늘은 뭘 먹지
우리 뭐 할까
이런 일상을 이야기할 수 없는 건 고난이다

둘이 보았던 들꽃을 혼자 바라보는 건 고난이다
소소한 일상을 혼자 하는 건 고난이다

고난에서 자란 싹은
사소한 것들을 아파하지 않는다

—「고난에는 움이 튼다」 전문

'고난'은 '괴로움과 어려움'을 아우르는 말이다. 말의 중간 마디마디에 '가시'가 박혀 있다. 신영애 시인은 돌부리에 넘어지거나 생사를 넘나들던 일까지 '고난'이 아니라고 한다. '고난'에도 강도(强度)가 있다는 것, 그렇다면 생사를 넘는 것보다 막중한 고난의 '크기'를 살펴보아야 한다. 시인은 뜻밖에 서로의 어깨를 내주며 노을을 바라볼 '곁'이 없다는 것, 들꽃을 혼자 바라보는 것이 '견디기 힘든' '고난'이라고 한다. 깊이 빠져본 사람만이 알 수 있는 기나긴 고통의 시간, '외로움의 덫'이 고난이었다.

어디선가 자리를 옮겨온 나무들이 지주목을 붙잡고 버티는 것처럼 죽은 나무도 산 나무의 힘이 되어준다. 시인의 지주목은 고인이 된 남편이다. 이렇듯 시인은 생명과 '죽음의 경계선을 배제하고' 생전의 '기억을 접목시켜' 공존한다. '덜 죽은 자들'이란 말이 있다. '덜 죽었다는 건 아직 살아있는' 자를 지칭하는 말일 것이다. 그렇다면 우리 모두는 언젠가는 죽어야 할, 하지만 아직 살아남은, '덜 죽은' 자들일 뿐이다. 신영애 시인에게는 '덜'의 의미는 중요하지 않다. 궁극적인 결과는 하나이고 '조금 더 빨리'와 '조금 더 늦게'의 차이일 뿐이다.

나는
채 젖어보지도 못하고
조문을 마친
한 송이 국화였다

—「칠월」 전문

한창 짙푸른 칠월의 국화였다, 예상치 못한 '낯선 이별'이었다. "나비가 전하는 말"은 무엇이었을까? 결핍 상황을 드러낸 짧은 시 한 편이 '절실한' 힘을 가졌다. 실패가 준 상처를 설득하고 설득당하며 '삶의 균형'을 맞춰가는 신영애 시집 『나비가 전하는 말』은 '보이는' 것보다도 '보이지 않는' 정신적인 부분에 주목하고 그 몫을 훌륭히 담당한다. 시인은 개인이 지닌 '내면의 고통'을 자신의 공간에 처음으로 전시했다. 당당한 것들은 늘 아름답다. 아직, '덜 죽은' 시간보다는 '살아야' 할 시간이 많기에 시인의 색채(色彩)는 아직 싱싱한 초록이다.

이 도서의 국립중앙도서관 출판시도서목록(CIP)은 서지정보유통지원시스템 홈페이지(http://seoji.nl.go.kr)와 국가자료공동목록시스템(http://www.nl.go.kr/kolisnet)에서 이용하실 수 있습니다.(CIP제어번호: CIP2017023929)

문학의전당 시인선 0267

나비가 전하는 말

초판 1쇄 인쇄 2017년 9월 15일
초판 1쇄 발행 2017년 9월 22일
지은이 신영애
펴낸이 고영
책임편집 서윤후
디자인 헤이존
펴낸곳 문학의전당
출판등록 제2017-000002호
주소 서울시 마포구 마포대로 11길 91, 3층
전화 02-852-1977 팩스 02-852-1978
전자우편 sbpoem@naver.com

ISBN 979-11-5896-339-2 03810